사라져가는 제주생활문화
어른과 아이가 함께 읽는 제주어 동시 그림책

청가시 거러지라 닮비 둠비 먹으레 가라

글 김정희 그림 달과

사라져가는 제주생활문화
어른과 아이가 함께 읽는 제주어 동시 그림책

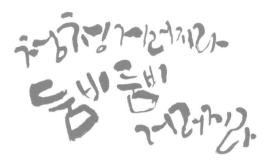

할망 바당

할마니가 곧는디
할마니 두릴 적인
소나인 혹교에 가고
뚤덜은 혹교에 가들 못 ㅎ엿덴
할마닌
굴개비추룩 히어뎅기던
할망 바당 소곱으로 ㅎ썰썩 들어간 물질 ㅎ엿덴
메역도 주물곡 구젱기영 멍지영 빗도 떼멍
줌녀가 되엇덴

할마니 영 살단 보난 데맹이도 아프곡 가심도 아프곡
ᄆ음도 아판
준둥인 굴겡이추룩 고부라져신게

청청 거러지라
둠비둠비 거러지라

하르바지가 골아줘신디

하르바지 두릴 적이
깅이 심쟁 ᄒ민
깅이 이신디 강
멜국물 ᄒ썰 삐여논 후제
코셍이영 어렝이 돌아메영
돌 트멍에 털어추왕 놔둠서
놀렐 ᄒ여

청청 거러지라 둠비둠비 거러지라

깅이덜이 먹을 커 낫뎬
막 모다들엉
ᄆ첨 먹젱 돌라부뜨민
낭푼에 털어놓기만 ᄒ민 되엇뎬

청청 거러지라 둠비둠비 거러지라

나도 놀렐 ᄒ멍
깅이 심어 보구정ᄒ다

깅이덜 불러봅서

하르바지
깅이덜 다 알주양
불러봅서

성창 도에 사는 지름깅이 춤깅이
바당이 사는 보리깅이 왕깅이 산깅이 와깅이
흰모살바닥에 사는 도랑깅이 돌깅이
어금손콥만흔 춤지름깅이
곱닥흔 물에만 산덴흐는 청깅이
바당이서 산덴흐는 날치깅이
영흔 깅이덜은 먹는 깅이

통시 쇠시에 사는 벌겅흔 꼿깅이 독깅이
펄통 소곱이 사는 펄깅이
영흔 깅인 굴으나 안 굴으나 먹지 못흐는 깅이

하르바진 지금꼬장 깅이 멧이나 만나시코
깅이덜이 하르바지 보민
문 가달 들르멍 돌아나시키여

보말 심으레 글라

물 잘 싸는 살이엔
앞이 진여만 가도
돌보말에 먹보말 수드리보말에
투데기보말 각데기보말 까메기보말 매웅이보말
바위트멍에 수두락ᄒ영 신다
손으로 언주왕 줏어놓앙 오당보민
돌보말 수드리보말 빈겁닥에 들어강 사는
건달가제 게틀래기덜도 하영 줏엉 와신다

영훈 날엔 식솔덜 믄 바농 ᄒ나썩 들렁
보말똥꼬지 뱅뱅 뒈와가멍 까사되어
할마닌 낭푼이 털어놓는디
손지덜은 믄 입더레 ᄀ져가노렌 즈르진게

숭시그추룩 영훈 날엔
통실 들이돌악 내돌악
어멍은 아이덜 베 씰어주멍 달래엇주

바농 낚시

바당이 물 싸민
모살밧디 작지덜 둬쌍
게우리 나오민
소곰 논 사발에 심엉 놓앗당
바농 낚시에 니껍 꿰엉
성창 돌 알더레 느려주민
코셍이 씰어렝이 불볼락 졸락 쥐치 ㅂ들락 덜벌렝이 모살치 복젱이 모살멩이 메역치 둑다리
막 올라오주
일름만 들어도 물궤기 천지라

우리 하르바진
아멩ㅎ여도 낚시바치

뽕글뒈싸불라
뽕글뒈싸불라

할마닌 바당이 가민
돌트멍에 쿠살도 골겡이로 옴파내영 테왁 망사리에 담곡
돌고냥 숙덕이당 뭉게 나오민
뽕글뒈싸불라 뽕글뒈싸불라
놀렐 불르멍
뭉게 데맹이 뒈쌍 망사리에 담곡
구젱기영 보말
손바닥만 훈 빗
빗창으로 확 떼엉 놓곡
미도 멧개 심엉 놓곡 ᄒ 엿주게

우리 할마니가 곧는디
영 바당이 막 주는 날은
아멩이나 믄 심젱 말앙
멩심ᄒ영
할망 바당에
ᄒ꼼 냉겨뒁 돌아상 나와사 혼덴

14
15

멜 들엇져

우리 하르바지 멜 거리레 나가민
멜 들기 전이
흐끔 줌부치당
"멜 들엇져" 흐민
와랑와랑 일어낭
모다들엉
구물을 줍아 둥기민
은멜덜이 탁탁탁탁 튀어 올른덴

직시 엇인 사름덜은 소망일엉 돌려들엉
멜작박으로 거령 흔구덕 얻으민
흐끔이라도 더 빌엉 가보젱
모살밧디 멜구덕 놓아뒁
또시 구지레 갓당 왕보민
모녀 놓아둔 구덕은 오꼿 구져가불어라

경만 헤시카
식게 먹엉 오당
모살밧 우터레 은멜이 탁탁 튀엄시민
슬쩩이 두어번 거려놓아뒁
그제사
"멜 들엇져" 웨민
사름덜 그제사 나왕 멜 거렷덴
엇일 때난 경흐엿주

ᄀ랑중이

할망네 고팡엔
밤중이민 ᄀ랑중이덜이
화륵화륵

낮인
문 곱앙싯당
할망 좀 들민

미쭉미쭉 붸리당
아무 ᄀ척 엇이민
푼쉬엇이 삼방으로
화륵화륵

천장에 올라간 중이덜
화륵화륵 헤갈아뎅기민
춤단춤단 용심난 어멍
탕탕

문 두드리민

ᄀ랑중이덜 ᄀ만이 싯당
그척 안ᄒ민

화륵화륵
밤새낭
좀도 읏저

가름도새기

우리 집 도새기
아맹ᄒᆞ여도 숭시라

벳 둣둣ᄒᆞᆫ 날
주뎅이 꾹꾹거리멍
웅상웅상거리당
통시담 물멍 나온다게

어멍도 웃곡
난 비치락 들렁
먼 문간이 상 싯당
페라운 도새기 긱긱거리멍 돌려오민
ᄆᆞ스왕 다 들러내껴뒁 돌아나불주게
도새긴 가름을 눕드멍 돌아뎅기주

ᄆᆞ을 어른덜
그 집 도새기 가름 돌암덴
어멍안티 골아신디사
어멍이 두령청이 나상 오민
아맹 가름도새기렌 ᄒᆞ여도
우리 어멍신딘
멜싸져부느네

솟덕 솟덕 솟덕

할망칩 정지에
큰똥이 앚진 솟
불이 슬슬 올르주

밥솟덕 국솟덕 동솟덕

솟 흐나에 솟덕 돌 시개
솟 흐나 더 앚지젱 흐민
솟덕 돌 두 개썩 더 놓으민 뒈주

불 때엉 불치 나오민
솟뒤 불치통에 밀령 놔뒀당
밧디 걸름으로 쓰곡
소곰도 물 빠지게 불치 우터레 놓아둠서 써낫주

불 숨으멍 고소웨 축축흐민
연기만 팡팡 나고
솟덕 앞이서 눈물께나 흘쳣덴 굴웁디다

범벅

옛날엔 쌀이 귀하엿뎅 흐는디
속범벅 모물범벅 밀범벅 보리ㄱ를범벅 감저범벅 느쟁이범벅 밀주시범벅
대축범벅 보미범벅 푸레범벅 톨범벅
범벅이라도 실컷 먹어봐시민 흐엿뎅 흐는디

혹교 뎅겨왕 드르멍
솟두껭이 올앙보민
감저범벅 흔 낭푼
짐치 흐나 칮엉
범벅 우터레 올려놓앙
입 칮어지게 벌령 먹으민
불러운게 웃뎅
손고락 쪽쪽 뻴아 먹엇뎅 흐는디

요샌 먹을게 한한흐연
이리 밀력 저리 밀력
문 부리멍 사는 거 닮아

등피

우리 할마니가 곧는디
등피도 심들던 때가 셔낫덴 ㅎ여라

어멍 일 이선 나갓단 오느렌 ㅎ난

큰일 나수다
큰일 나수다

양지가 노랑ㅎ게 노레언
넉 난 아이추룩 울엄시난

어 쏭원 무사 울엄시

등피 닦으단 민질락ㅎ연 문드련
벌러 먹어수다
벌러 먹어불어수다

벌러진 걸 어떵 ㅎ느니
즈들지 말라
오는 오일장날 강 사오민 뒈주
뚝 그치라!

신 땜질
하르바지

우리 고모가 곧는디

고무신 찢어지민
오일장 날만 지들렷당
오일장 날
오일장 입구에 앚앙
신 때우던 하르바지흔티 ᄀ정가민

조지레기 앚앙
신 때우는 걸 보는게 잘도 ᄌ미낫덴

고무신 잘 부뜨게 허젠
찢어진디
흥썰 박박 긁어내어뒁

땜질 깜도 안뒐 고무신이서
흥썰 졸라내엉 땜을 흥주기

흔참 고무신 부찌당
두령청이
하르바지가 손착으로
임뎅일 탁 치는거라

무사꽈?

무산 무사게
딱 붙으렌 흐는거주

엿날도 놈덜 웃지는 사름은 이섯던거 끝아

오일장

오일장 강
자릿도새기 풀커들랑
날 폽서
자릿도새기 풀지 맙서
난지 얼마 안뒈수게
불쌍ㅎ지 안ㅎ우꽈

야인 자릿도새긴 불쌍ㅎ고
느 배 골칙ㅎ 건 몰르크냐

자릿도새기 풀지 못ㅎ연
똑기 살 것이 이서신디도 못 산 완
어멍은 용심나신디
똘은 자릿도새기 돌아왓덴
지꺼정 돌앙춤 춰신게
ㅎ루ㅎ에천 쏠 가멩이서 들러퀴당 온 자릿도새기
구둠에 시커멍ㅎ여서라

빳지치기

아이덜 빳닥빳닥ᄒ게
빳질 멩글앙

빳지치기 홀 사름
이디 붙으라
문 두려왕
펜펜ᄒ디 잡앙
추례 정ᄒ 후제

온 심 다 쓰멍 빳질 확 치민

'아이고, ᄒ썰 심 모주렌 생이여'

읖이 동무가 확 ᄒ게 치민

'아이고, 나 빳지'

넘어 감시카부덴
울렁울렁
눈 버룽이 보당

나 빳지 그냥 이시민
춤막춤막ᄒ던 가심
씰어ᄂ렷주

할머니 바다

할머니가 그러시는데
할머니 어릴 적에는
남자아이들은 학교에 다니고
여자아이들은 학교에 다니지 못했대
할머니는
개구리헤엄치던
할머니 바다 속으로 점점 들어가 물질했대
미역을 따고 소라 멍게 전복도 따고
해녀가 되었대

할머니는 이리 살다 머리가 아프고 가슴이 아프고 마음이 아프다가
허리가 호미처럼 굽어버렸대

청청 거러지라
둠비둠비 거러지라

할아버지가 그러시는데

할아버지 어릴 적에
게를 잡으려면
게가 숨은 곳에 가서
멸치젓 국물 뿌려주고
코생이 어렝이 달아매고
돌 틈새 담가 놓고
노래를 부른대

청청 거러지라 둠비둠비 거러지라

게들이 먹을 일 났다고
떼로 모여들어
먼저 먹겠다고 달라붙으면
양푼에 털어 놓기만 하면 되었대

청청 거러지라 둠비둠비 거러지라

나도 노래하며
게 잡고 싶다

게를 불러보세요

할아버지
게들 이름 많이 알지요
불러보세요

선창 입구에 사는 기름게 참게
바닷가에 사는 보리게 왕게 산게 와게
백사장에 사는 도랑게 돌게
엄지손톱만 한 참기름게
깨끗한 물에만 산다는 청게
바다에서 산다는 날치게
이런 게는 먹는 게

화장실 근처에 사는 빨간 꽃게 독게
펄통 속에 사는 펄게
이런 게는 물어보나 마나 못 먹는 게

할아버지는 지금까지 게 몇 마리나 만났을까
게들이 할아버지 보면
모두 집게를 세우고 달아났을걸

고둥 잡으러 가자

물 잘 써는 사리에는
앞에 진여만 가도
돌고둥에 먹고둥 수드리고둥에
틋데기고둥 각데기고둥 까메기고둥 매웅이고둥
바위틈새에 수북
손으로 쓸어 주워 담고 오다 보면
돌고둥 수드리고둥 빈 껍데기에 들어가 사는
건달가재 게틀래기들도 많이 주워 왔지

이런 날엔 가족들 모두 바늘 하나씩 들고
고둥똥까지 쪼르륵 돌려 뺀다
할머니는 그릇에 놓고
손자들은 입으로 가져가기 바쁘다

하필 꼭 이런 날엔
화장실 들락날락
어머니는 아이들 배 쓸어 주며 달랜다

바늘 낚시

썰물에
모래밭 자갈들 뒤집어
갯지렁이 나오면
소금 놓은 사발에 잡아놓았다가
바늘 낚시에 미끼를 꿰고
방파제 돌 밑으로 내려주면
코셍이 씰어렝이 불볼락 졸락 쥐치 ㅂ들락 덜벌렝이 모살치 복젱이 모살멩이 메역치 독다리
막 올라온다네
이름만 들어도 물고기 천지

우리 할아버지는
낚시꾼이 분명해

뿡겔뒈싸불라 뿡겔뒈싸불라

할머니 바다에 나가면
바위틈에서 성게도 호미로 긁어내어 테왁 망사리에 담고
돌구멍 숙덕숙덕 쑤시다가 문어라는 놈이 나오면
뿡겔뒷사불라 뿡겔뒷사불라
노래를 부르며
문어 머리 뒤집어 망사리에 담고
소라 고둥
손바닥만 한 전복
빗창으로 확 떼어 놓고
해삼도 몇 개 잡아 놓고 했대

우리 할머니가 그러는데
그렇게 바다가 막 주는 날은
욕심내지 말고
명심해서
할머니 바다에
조금은 남겨두고 돌아 나와야 한대

멸치 들었다

우리 할아버지 멸치 잡으러 나가면
멸치 잡기 전에
잠깐 잠을 자
"멸치 들었다" 하면
서둘러 일어나
모두 힘을 모아
그물을 잡아당기면
은멸치들이 팔짝팔짝 튀어 오르지

자기 몫이 없는 사람들은 달려들어
멸치주걱으로 떠서 한 바구니 얻어가지
조금이라도 더 얻어가려고
모래밭에 멸치바구니 놓아두고
다시 얻으러 갔다 와 보면
먼저 놓고 갔던 바구니 몽땅 가져가버리지

그것뿐이면 좋게
제사 먹고 돌아오다가
모래사장 위로 은멸치가 탁탁 튀고 있으면
아무도 모르게 두세 번 떠서 놓아두고는
그때야
"멸치 들었다" 소리를 쳐
사람들 그때야 나와서 멸치를 떠갔다고 하네
없이 살던 때라 그랬지

생쥐

할머니네 곳간엔
밤마다 생쥐들이
화륵화륵

낮엔
모두 꼭꼭 숨어 있다가
할머니 잠들면

삐죽삐죽 보다가
아무 기척 없으면
눈치 없이 마루로
화륵화륵

천장에 올라간 생쥐들
온 집 안 다 돌아다니면
참다 참다 화난 엄마
탕탕
문 두드리면

생쥐들 가만히 있다가
기척 없으면
화륵화륵
밤새
잠도 없다

거리돼지

우리 집 돼지
아무래도 무슨 일 있어

볕 따뜻한 날
주둥이 쿵쿵거리며
투덜거리다
변소 담 헐고 나온다

엄마도 없고
난 빗자루 들고
대문 앞에 서 있다가
사나운 돼지 퀵퀵거리며 달려오면
무서워 다 던져 두고 도망가고
돼지는 동네를 나대며 돌아다니지

동네 어른들
그 집 돼지 동네 돌아다닌다고
엄마한테 말했는지
엄마가 바람처럼 나타나면
아무리 길돼지라고 해도
우리 엄마한테는
못 당하지

솥덕 솥덕 솥덕

할머니 집 부엌에 가면
나란히 앉아있는 솥
불이 솔솔 오르고 있지

밥솥덕 국솥덕 동솥덕

솥 하나에 솥덕 돌 세 개
솥 하나 더 앉히려면
솥덕 돌 두 개씩 더 놓으면 되지

불 때고 재가 나오면
솥덕 뒤 잿간에 밀어두었다가
밭에 거름으로 쓰고
소금도 물이 빠지게 재 위에 놓고 썼대

불 땔 때 불쏘시개가 젖으면
연기만 날려서
솥덕 앞에서 눈물 좀 흘렸다네요

범벅

옛날에는 쌀이 귀했다는데
속범벅 메밀범벅 밀범벅 보리가루범벅 감자범벅 느쟁이범벅 밀주시범벅
옥수수범벅 보미범벅 파래범벅 톳범벅
범벅이라도 실컷 먹어봤으면 했다는데

학교 다녀와
솥뚜껑 열어보면
감자범벅 한 사발
김치 하나 찢어
범벅 위에 올려놓고
입 찢어지게 벌려 먹으면
부러울 것 없이
손가락 쪽쪽 빨아 먹었다는데

이젠 먹을 것이 많아
이리 밀리고 저리 밀리다
모두 버리며 살고 있지

호롱

우리 할머니가 말하는데
등도 어려운 때가 있었대

엄마 일 보러 나갔다 오는데

큰일 났어요
큰일 났어요

얼굴이 노랗게 놀라서
혼 난 아이처럼 우는 거야

어, 이게 웬일이니
왜 울고 있니

호롱 닦다가 미끄러져 떨어져
깨뜨렸어요
깨뜨려버렸어요

깨진 걸 어떡하니
걱정하지 마라
돌아오는 오일장에 가서 사오면 되지
뚝!

신기료장수 할아버지

우리 고모가 말하는데

고무신 찢어지면
오일장 날만 기다렸대
오일장 날
오일장 입구에 앉은
신기료장수 할아버지 있었는데

웅크리고 앉아서
신발 붙이는 걸 보면
정말 재미있었지

고무신 잘 붙게 하려고
찢어진 곳
조금 박박 긁어내고

땜질도 안 될 고무신에서
조금 잘라내어 땜을 하지

한참 고무신 붙이다가
갑자기
할아버지가 손바닥으로
이마를 탁 치거든

왜 그러세요?

왜긴 왜야
딱 붙으라고 하는 거지

옛날에도 남 웃기는 사람은 있었나 봐

오일장

오일장에 가서
새끼돼지 팔 거면
나를 팔아요
새끼돼지 팔지 마세요
태어난 지 얼마 안 됐잖아요
불쌍해요

얘는 새끼돼지는 불쌍하고
너 배고픈 것은 모르겠니?

새끼돼지 팔지 못해
살 것도 못 사고 온
엄마는 화가 났는데
딸은 새끼돼지 돌아왔다고
기뻐서 빙글빙글 춤을 추네
하루 종일 쌀가마 속에서 바둥대다가 온 새끼돼
지
먼지에 시커멓게 되었네

딱지치기

아이들 빳빳하게
딱지 만들어

딱지치기 할 사람
여기 모여라
모두 데리고
편편한 곳에 자리 잡고
차례 정하고

온 힘 다해서 딱지를 치면

'어떡하지, 조금 힘 부족했어'

옆 친구가 치면

'어떡해, 내 딱지'

넘어가는 줄 알고
벌렁벌렁
눈 크게 떠서 보다가

내 딱지 그대로 있으면
깜짝 놀란 가슴
쓸어내렸지

어린 날의 함덕으로 한 걸음

내가 나고 자란 곳은 함덕이다.

함덕에서 어린 시절을 보내면서 난 무엇을 하며 놀았을까?

오빠들이 나무토막을 깎아 자치기를 하고 있으면 끼워달라고 떼를 써서 자치기를 했다. 오빠들이랑 동네 어귀에서 비닐포대에 앉아 타던 눈썰매는 정말 신나는 겨울을 만들어 주었다. 어른들은 싫어했지만 그렇다고 못 하게 하지는 않았다. 동네 어른들은 모두 동네 삼춘들이었기에 모두 우리 편이었다.

할머니가 살아계실 때만 해도 초가지붕이었던 안거리 지붕을 이는 날이면 가족들은 물론이고 동네 삼춘들이 모두 일을 도왔다. 가끔은 어른들이 아이들에게 해보라고 일을 넘겨주기도 했다. 하지만 새 끈을 다 풀어헤쳐 놓아서 어른들이 다시 해야 했다. 그런 모습은 얼마 가지 않아 사라지고 동네 긴 올레에 늘어지게 앉아서 일하던 어른들의 모습도 찾아보기 힘들어졌다. 초가지붕이 다 사라졌기 때문이다. 동네에서 썰매 타는 일도 이젠 볼 수가 없다. 동네에서 자치기하는 코흘리개 아이들의 모습도 찾아보기 어렵다.

가족들이 모두 함께 평상에서 저녁을 먹고 별을 보면서 여름밤을 보냈던 일은 나에게 있어 가장 아름다운 기억이다. 여름에는 평상에서 하루를 다 보내곤 했다. 해를 따라 평상을 세 차례나 옮긴다. 밧거리 쪽에서 밤을 보낸 평상을 안거리 쪽으로 옮겼다가 점심나절 이후에는 먼문간으로 옮겼다가 저녁이면 마당으로 다시 자리를 옮긴다. 평상에 누워 하늘을 보며 별을 세고 있으면 학교에서 배운 동요가 저절로 흘러나왔다.

도새기와 한판 승부를 벌이던 날은 전쟁을 치렀다. 통시 담을 헐고 나온 도새기를 상대하는 일은 나에게 역부족이었고, 언제나 마지막엔 어머니의 등장으로 정리가 되었다.

메주 삶는 날은 집안 잔치처럼 분주했다. 새벽부터 메주를 삶기 위한 작업이 시작됐다. 큰 장작을 아궁이로 마구 집어넣으면 불길이 온 부엌을 다 채웠다. 그런 날이면 어머니는 큰 고구마를 콩 삶는 가마솥에 넣고 쪄 주셨다. 커다란 양푼에 고구마를 꺼내 놓고 김칫독에서 김치를 꺼내 쭉

쭉 찢어서 고구마 위에 올려놓아 먹으면 꿀맛이었다.

먹을 것이 넉넉하지 않았던 시절, 어머니는 솥에다가 범벅을 해 놓고 밭일을 나가셨다. 학교에 갔다 오면 솥바닥을 박박 긁으며 정신없이 먹었다. 간식이 따로 없던 시절이었다.

할머니 방에 있던 호야를 기억한다. 칭찬 들으려고 닦다가 그만 깨트려 버렸다. 누가 뭐라 하지도 않았는데 울음이 터져 나왔다. 먼저 울어버려서 혼이 안 났는지도 모르겠다.

보말을 먹은 날에는 밤새 화장실을 들락날락거리며 잠을 못 잤던 기억이 있다. 그럴 때는 어머니가 배를 쓸어 주시기도 했지만 깜깜한 밤에 화장실을 가려면 보통 힘든 것이 아니었다. 오빠들을 깨우면 싫은 티를 냈지만 그래도 잠을 설쳐가며 동생을 챙겨주었다.

그것뿐만이 아니다. 옛날 집에는 쥐들이 잘 살았다. 쥐들이 사람도 무서워하지 않고 돌아다니다가 밤중에는 천장 위로 올라가 운동회를 벌였다. 밤새 잠을 설치게 한다고 어머니가 문을 두드리며 내쫓으려 했지만 쥐들은 아랑곳하지 않았다.

오일장 날을 기다렸다. 장이 열리는 날에는 내다 팔 자릿도새기를 잡는 것도 일이었다. 어머니는 자릿도새기를 팔아서 집안 살림을 챙기셨다. 어머니를 따라 나섰는데 자릿도새기를 팔지 못해서 맛있게 보이는 홍시 하나도 안 사준다고 입을 삐죽이며 돌아오던 날도 있었다.

바닷가 옆에 살아서 온종일 친구들과 바다에서 놀았다. 보말을 잡아서 먹다 버린 통조림 깡통에 넣고 삶아 먹었다. 찢어진 검정 고무신을 땔감처럼 썼다. 아이들은 참 대단한 경험들을 했다. 오빠들이랑 게를 잡으러 선창으로 가서 돌들을 들어 올리면 게들이 발발거리며 달아나는데, 잡아서 넣기만 하면 될 정도로 게들이 많았다. 난 참게밖에 몰랐지만 할아버지는 배운 것이 많아서 온갖 게들의 이름을 알았다. 오빠들은 바농 낚시도 했다. 나는 갯지렁이를 만지는 게 싫어서 하지 않았다.

안거리에 할머니가 살았고 밧거리에 부모님과 여섯 형제자매들이 살았다. 언니랑 나는 방이 모자라 안거리 작은방을 썼다.

할머니가 사는 안거리 부엌은 컸다. 살레가 놓여 있던 모습이 아직도 눈에 선하다. 물 항아리에 물을 채워 놔야 해서 언니와 물을 길러 갔던 적도 있다. 얼마 안 있어 수도가 들어왔지만 아홉 살 위인 언니는 나보다 더 오래 물을 길었다.

동네 바다 옆으로 앞갯물이 있었다. 나물도 씻고 빨래도 하고 목욕도 하는 다용도 용천수여서 어른들은 하루에도 몇 번씩 그곳을 들락거렸다. 겨울에는 날을 정해 앞갯물 물통을 데워서 온 가족이 목욕도 했다는데 난 기억이 없다.

길을 가다가 개에게 놀라거나 사람에 놀라면 넋을 들었다. 속옷을 들고 동네 넋 들이는 할머니를 찾아갔는데, 물을 뿜으며 머리를 세 번 때리면 넋 난 것이 사라진다고 해서 참았다.

함덕에는 멜이 많이 났다. 멜이 든 날은 부지런히 멜을 챙겨서 먹기도 하고 팔러 다니기도 했다. 멜 들 때 함덕에 오면 비린내가 진동을 했다고 한다.

함덕은 수박도 유명했다. 여름이면 수박을 팔기 위해 아침마다 수박 달구지들이 지나가며 내는 소리에 이웃 동네 사람들이 화를 내기도 했다.

비가 오는 날, 너무 더운 날, 눈 오는 겨울에는 할머니도 부모님도 집에 같이 있었다. 김장하는 날, 메주 담그는 날, 잔칫날, 제삿날, 그런 날엔 어머니가 집에 있어 좋았다.

혼자 집을 보던 아이, 갑자기 비가 오기라도 하면 밭에서 일하시는 부모님 걱정을 하던 아이가 있었다. 없는 것이 더 많았던 때였지만 지금은 사라진 것들로 어린 시절을 보냈고 그것들이 내가 살아가는 힘이 되어 주었다.

나의 어린 시절, 나를 있게 한 기억들 속으로 걸어가 본다.

글 김정희

제주에서 태어나 제주에서 시와 동시를 쓰고 있습니다. 2008년《아동문예》동시문학상을, 2014년《시인정신》시문학상을 받았습니다. 지은 책으로 동시집《오줌폭탄》,《고사리손 동시학교》, 시낭송 시집《물고기 비늘을 세다》, 제주어 동시집《할망네 우영팟듸 자파리》(2017 세종도서 문학나눔 선정도서), 제주어 동시 그림책《청청 거러지라 둠비둠비 거러지라》(제3회 한국지역출판연대 천인독자상 공로상),《폭낭알로 놀레온 곰새기》, 사진시집《순간, 다음으로》가 있습니다. 문학놀이아트센터 대표이자 제주문인협회, 제주아동문학협회, 한국동시문학회, 한라산문학동인, 제주어보전회 회원입니다. 현재 고향인 함덕에서 동시 전문서점 '오줌폭탄'을 운영하고 있습니다.

hopekjh1022@naver.com
ojumpoktan@naver.com

그림 달과

제주에 살며 따뜻한 이야기가 담긴 그림을 그리려고 합니다.
그린 책으로《심마》가 있고, 〈학교도서관저널〉에서 만화를 연재 중입니다.

사라져가는 제주생활문화 어른과 아이가 함께 읽는 제주어 동시 그림책

청청 거러지라 둠비둠비 거러지라

2018년 10월 28일 초판 1쇄 발행
2023년 6월 28일 초판 2쇄 발행

지은이　　　김정희
그린이　　　달과
손글씨　　　김효은(캘리그라피 작가)
제주어 감수　양전형(사단법인 제주어보전회 이사장)

펴낸이　　　김영훈
편집인　　　김지희
디자인　　　김영훈
편집부　　　이은아, 부건영, 강은미
펴낸곳　　　도서출판 한그루
　　　　　　출판등록 제651-2008-000003호
　　　　　　63256 제주도 제주시 복지로1길 21
　　　　　　전화 064 723 7580 전송 064 753 7580
　　　　　　전자우편 onetreebook@daum.net 누리방 onetreebook.com

ISBN 978-89-94474-64-9　77810

값 16,000원